ÉTUDES DE PHILOSOPHIE NATURELLE
2me SÉRIE : N° 8

LA
CLASSIFICATION RATIONNELLE
ET
LA PRAGMATOLOGIE PSYCHOLOGIQUE

PAR

J.-ÉMILE FILACHOU

Docteur ès-Lettres.

In cœlis lumen indeficiens.
Eccl., XXIV, 6.

MONTPELLIER	PARIS
Félix SEGUIN, Libraire-Éditeur	DURAND & PEDONE-LAURIEL
Rue Argenterie, 25.	Rue Cujas, 9.

1876

Suite des Ouvrages du même Auteur

N° 6. Sens et rationalité du dogme eucharistique. 1 vol. in-12, 1872.

N° 7. Démonstration psychologique et expérimentale de l'existence de Dieu. 1 vol. in-12. 1873.

N° 8. De l'ordre et du mode de décomposition de la lumière par les bords minces. 1 vol. in-12.

N° 9. Le système du monde en quatre mots. 1 vol. in-12.

N° 10. Classification raisonnée des Sciences naturelles. 1 vol. in-12.

2ᵉ Série : N° 1. La mécanique de l'esprit conforme aux principes de la classification rationnelle. 1 vol. in-12.

N° 2. Organisation et unification des sciences naturelles. 1 vol. in-12.

N° 3. L'Histoire naturelle éclairée par la théorie des axes (avec planche). 1 vol. in-12.

N° 4. La mécanique de l'esprit par la trigonométrie. 1 vol. in-12.

N° 5. La Classification rationnelle et le Calcul infinitésimal. 1 vol. in-12.

N° 6. La Classification rationnelle et la Phénoménologie transcendante (avec planche). 1 vol. in-12.

N° 7. La Classification rationnelle et la Géologie (avec planche). 1 vol. in-12.

Montpellier. — Typogr. Boehm et Fils.

ÉTUDES DE PHILOSOPHIE NATURELLE

2ᵐᵉ Série : N° 8

LA
CLASSIFICATION RATIONNELLE
ET
LA PRAGMATOLOGIE PSYCHOLOGIQUE.

POUR PARAITRE SUCCESSIVEMENT :

(2me SÉRIE.)

N° 9. La Classification rationnelle et la Pneumatologie mécanique. 1 vol. in-12.

N° 10. Éléments de Psychologie mathématique. 1 vol. in-12.

3e SÉRIE : N° 1. Identité du Subjectif et de l'Objectif. 1 vol. in-12.

N° 2. Le vrai système général de l'Univers. 1 vol. in-12.

N° 3. Origine des Météorites et autres corps célestes. 1 vol. in-12.

Montpellier. — Typ. BOEHM et FILS.

ÉTUDES DE PHILOSOPHIE NATURELLE
2me SÉRIE : N° 8

LA CLASSIFICATION RATIONNELLE

ET

LA PRAGMATOLOGIE PSYCHOLOGIQUE

PAR

J.-ÉMILE FILACHOU

Docteur ès-Lettres.

In cœlis lumen indeficiens.
Eccl., XXIV, 6.

MONTPELLIER | PARIS
Félix SEGUIN, Libraire-Éditeur | DURAND & PEDONE-LAURIEL
Rue Argenterie, 25. | Rue Cujas, 9.

1876

AVANT-PROPOS

A cette question : Qui nous donnera, parallèlement au vrai système *astronomique* newtonien, le vrai système *psychologique?* nous avons répondu (*Mécanique de l'esprit*, 2me série, n° 1, pag. 18): Ce sera celui qui démontrera l'identité des deux systèmes. Une fois la question ainsi posée, nous pouvions espérer que quelque habile astronome ou mathématicien, plus familier que nous avec le système astronomique et ses lois, nous devancerait dans ce travail et nous dispenserait ainsi de l'entreprendre nous-même. Il n'en a rien été pourtant; et, forcé dès-lors d'aborder ce sujet, nous venons essayer aujourd'hui de démontrer que, effectivement, soit les formules, soit les forces applicables au système des *astres*, conviennent également et sans la moindre modification intrinsèque au système des *esprits*. Les forces productives ou représentatives des mouvements des astres et des actes des esprits sont les deux forces *rectangulaires* et *du second degré*, nommées, là, *centripète* et *tangentielle*, ici, *cosinus* et *sinus*. Il est vrai que ces forces diffèrent assez par leur mode d'application dans les deux cas, qui deviennent, par ce moyen, discernables, car elles sont plus spécialement *tendantielles* ou spéculatives dans le monde physique, et *purement actuelles* ou pratiques dans le monde spirituel. Mais, au fond, elles sont bien toujours deux systèmes connexes de forces vives seulement envisagées comme moins variables dans un cas, et plus transitives dans l'autre; et, cette simple modification accidentelle de forme n'en rompant point l'accord, nous sommes donc fondé dès ce moment à dire que, par ce nouvel écrit, nous ébréchons déjà notablement le mur de séparation si malencontreusement interposé jusqu'à cette heure entre les corps et les esprits, pour empêcher perpétuellement d'en acquérir, par achèvement de doctrine ou de système, une connaissance parfaite, commune et définitive. Plus tard, voulant mener notre œuvre à bout, nous entreprendrons de démontrer plus directement la complète *identité des deux mondes objectif et subjectif*; mais nous croyons devoir nous en abstenir encore, parce que, en présence d'une thèse de cette importance et de cette étendue résumant tous nos travaux, la prudence nous commande de procéder avec la plus grande réserve et de ne vouloir nous approcher que pas à pas de la fin.

Cassagnoles, le 20 février 1876.

LA CLASSIFICATION RATIONNELLE
ET
LA PRAGMATOLOGIE PSYCHOLOGIQUE.

1. Dans notre esquisse de *phénoménologie* générale ou transcendante (2e série, n° 6), nous avons essayé de donner une idée de la figure extérieure de l'univers ou du monde *objectif*, abstraction faite des êtres *subjectifs* se le représentant absolument ou finalement sous cette forme. Si nous voulons actuellement prendre en considération ces mêmes Êtres spécifiquement très-différents les uns des autres et respectivement constitués alors comme *Dieu*, l'*ange*, l'*homme*, l'idée se complique de suite énormément et devient même, en apparence, toute autre.

Néanmoins, quoiqu'il semble d'abord difficile de la déterminer assez pour en devenir apte à se placer de soi-même à l'un quelconque de ces trois points de vue particuliers, la chose n'est aucunement impossible ; et ce que nous nous proposons d'obtenir dans cet écrit, c'est justement cette faculté de se placer individuellement à celui de ces trois points de vue qu'on veut, en tenant d'abord compte assurément des *aspects objectifs* déjà décrits, mais en usant aussi concurremment des *nouveaux aperçus* qu'il s'agit d'y réunir, pour les amener à s'accommoder aux états internes des êtres réels, à la fois *objets* et *sujets* de représentation externe.

2. Trois aperçus sont ici fondamentaux : ce sont ceux de *distinction*, de *fusion* et de *combinaison*. Soient, en effet et par hypothèse, des êtres, des forces ou des actes donnés en nombre quelconque : de suite, il est évident qu'on peut, ou les prendre *à part*, ou les poser *en un*, ou bien encore les prendre ou poser *ensemble et séparément par parties*, à la façon des choses qu'on mêle ou démêle seulement à demi. L'on

peut voir une image de ces trois procédés réunis dans la formule trigonométrique à deux membres servant à représenter en relation constante les trois angles formés par une même droite avec les axes, et ainsi construite : $\text{Cos}^2 \alpha + \text{Cos}^2 \beta + \text{Cos}^2 \gamma = 1$. Dans le premier membre, en effet, la *distinction* des termes est évidente ; la *fusion* des mêmes termes est ensuite évidente dans le second membre ; et enfin l'équation entière nous offre un cas évident de *combinaison* réelle entre la *distinction* et la *fusion* préalables.

Ces trois aperçus fondamentaux une fois admis, il y a lieu de les dire immédiatement : ou *faits* et *demeurant* tels quels, ou *se faisant* et *devenant* tels. Dans le premier cas, ils constituent un fait réel permanent, et, dans le second, ils désignent un acte réalisateur essentiellement transitoire. Mais rien n'empêche de supposer, soit le *fait* toujours *se faisant*, soit le *se faisant* toujours *fait* ; et, par la réunion de ces deux points de vue formellement distincts en un seul, on arrive à l'idée complète de l'être absolu vivant et permanent, avec conscience *interne* et représentation *externe*. En lui, cependant, la représentation *externe* se rattache à la conscience *interne* comme accessoire à principal ; et puisque la représentation *externe* est, abstractivement envisagée, l'objet d'une science spéciale dite *phénoménologie*, la conscience *interne*, abstractivement envisagée de nouveau mais comme il lui convient, doit être l'objet d'une autre science spéciale, dans laquelle l'attention se porte ou plutôt se concentre de préférence sur les seuls *actes* réels, soit absolus, soit relatifs, et que nous avons cru devoir dénommer en conséquence *pragmatologie*, comme mettant seule en relief la face *efficiente* et *subjective* des vraies réalités.

3. Pour l'institution de cette nouvelle science, nous prendrons notre point de départ dans cette observation capitale : que les vraies Réalités divines, angéliques et humaines ont en principe le même *genre* ou *mode absolu* de représentation, seulement distinct entre elles par des différences relatives ou *spéciales*. Effectivement, Dieu a sa représentation *spéciale* du monde, comme l'ange a la sienne, et l'homme la sienne encore ; mais cette différence *actuelle* de représentation

n'est point *radicale* ou *générale*, et c'est ce qu'il importe ici de comprendre avant tout.

Ce serait d'abord une grande erreur ou méprise de concevoir, par exemple, Dieu comme ayant une idée seulement *abstraite* du monde, et l'ange comme en ayant seul le premier une idée *formelle*, et l'homme comme en ayant seul à son tour une notion *sensible*, concrète ou matérielle; car ces trois modes différents de représentation ne sont l'apanage exclusif d'aucun être ou conviennent foncièrement à tous. Dieu, sans doute, est essentiellement idéant ou idéal; mais il n'est point, pour cela, plus incapable d'images que l'ange, ni de sensations que l'homme. De son côté, quoique essentiellement imaginant, l'ange n'est pas plus incapable de sensations que l'homme, ni d'idées que Dieu; et l'homme enfin, quoique essentiellement sensible, est ou peut être (en nature, sinon en degré), soit idéant comme Dieu, soit imaginatif comme l'ange. Mais, tout comme, chez les hommes eux-mêmes, il y a des individus ou plus sensuels, ou plus imaginatifs, ou plus penseurs que d'autres, cette différence assez peu profonde entre simples hommes est capable de s'accentuer encore davantage dans un autre ordre de réalités, et de devenir par là même caractéristique à leur égard, en s'égalant chez elles en importance à leur *genre* commun interne et non apparent. Ainsi, supposons des êtres, d'abord les uns tellement dominés par l'idée qu'en eux l'imagination et la sensation passent au rang de purs accidents, puis les autres tellement livrés à leur imagination que sans manquer d'idées ni de sens ils les comptent à peu près pour rien, et les derniers enfin tellement épris du sensible qu'ils ne paraissent subir en rien l'influence de l'imagination ou des idées : tous ces êtres, quoique à la fois fonctionnant par l'idée, l'imagination et le sentiment, ne laisseront point d'être irréductibles en une seule classe, ou bien se distribueront en trois classes alors distinctes, non par les modes de fonctionnement communs à toutes, mais par leur seul degré de *puissance* ou d'*énergie* respective, mots dont l'incessante répétition dans la Métaphysique d'Aristote ne prouve point que ce philosophe en ait compris toute l'importance et la profondeur.

Cependant, de même que, malgré les différences spécifiques qui forcent à ranger les cristaux, les végétaux et les animaux en trois classes distinctes, les naturalistes ne laissent point de réunir ces trois sortes d'êtres sous un seul et même type radical, celui des êtres *naturels*, les trois sortes d'êtres *vivants* déjà nommés divins, angéliques et humains peuvent, quoique spécifiquement très-différents, se grouper ensemble sous une seule et même idée générale, qu'il s'agit actuellement d'assigner et de mettre en lumière. Cette idée commune et fondamentale est celle de *personnalité*.

4. Étymologiquement, la Personnalité se définit l'*être par et pour soi*; en latin, *per se ens*; en allemand, *für sich seyn* ou *Selbstständigkeit*. D'après ce qui précède, le premier attribut général en est la *puissance* ou l'*énergie*; mais on peut dire avec autant de raison qu'il en est encore la *simplicité*, comme synonyme, non d'indivisibilité, mais d'absolue position ou qualité.

Commençons par nous représenter la *puissance*

en général. Imaginons une force capable de soutenir ou de soulever successivement un atome, une molécule, une pierre, une montagne, un astre, le monde entier : à mesure que les effets en apparaissent ainsi de plus en plus grands, la puissance en apparaît de même de plus en plus grande, jusqu'au moment de sa plénitude, où elle est infinie. Mais évidemment cette force, *objectivement* développable ainsi, n'est capable de semblables effets relatifs au dehors que parce qu'elle préexiste absolument déjà comme *sujet* interne. Il y a donc une force réelle, immanente et subjective. Cette force intime est la puissance réelle ou *personnelle*.

Il est impossible d'admettre que l'être tire *originairement* du dehors cette puissance nécessairement intrinsèque : elle est donc innée, radicale et toute spontanée dans son principe, et par suite elle l'est encore au moins dans ses premières applications. Concevons alors qu'elle se pose d'abord sensiblement en elle-même : sous ce rapport, elle se *sent*. Concevons ensuite qu'elle arrive à se connaître abstractivement elle-même : sous ce rapport, elle se *représente*. Concevons enfin qu'elle se juge et s'apprécie moralement, comme étant aussi bonne qu'elle est intelligente et sensible : sous ce rapport, elle s'*aime*. Il y a donc trois *actes* internes, inséparables de la *puissance* réelle, interne ou personnnelle, et ces trois actes sont le *sentiment*, l'*intelligence* et l'*amour*.

Si ces trois *actes* existent, ils sont précédés, accompagnés ou suivis d'*états* ou d'effets corrélatifs. Comme *sensible*, une personnalité *positivement* appliquée désire et jouit, ou peut désirer et jouir : d'abord, elle a besoin et jouit d'elle-même ; puis, elle est susceptible d'appétitions ou de jouissances externes, soit formelles, soit matérielles. De plus, comme *intellectuelle*, elle se représente en son état natif ou naturel, et peut encore occasionnellement avoir lieu d'adjoindre à cette première représentation fatale la représentation d'autres états artificiels plus ou moins stables ou transitoires. Enfin, comme aimante ou *spirituelle*, elle jouit d'elle-même et de ses états tant internes qu'externes et tant transmis qu'acquis, tout autant que par hypothèse elle n'a point déjà lieu de se fuir ou de se repousser pour des états analogues mais contraires, en raison de son intelligence et de sa sensibilité préalables.

Nulle Personnalité n'existe maintenant sans ces trois attributs essentiels : le *sentiment*, l'*intelligence* et l'*amour*, mais à la condition que ces trois attributs restent ou se maintiennent à l'état d'*actes* hétérogènes ; car, si l'on conçoit qu'ils passent *ensemble* ou simultanément à l'état de *tendances* ou de *puissances*, la coexistence n'en est pas toujours possible. En effet, s'il existe par exemple une *tendance* quelconque, c'est qu'il y a des *actes* nuls à produire, ou des *actes* déplaisants à supprimer ; et, de même, s'il existe une *puissance* quelconque, c'est qu'il y a des *tendances* ou saines ou vicieuses à régir par raison ou par force. Il faut donc, au moment où l'on veut en quelque sorte objectiver la conscience interne ou personnelle, introduire en elle une véritable hiérarchie de fonctions, en maintenant par exemple le *sentiment* à l'état d'*acte* et portant l'*intelligence* à l'état de *tendance*, auquel cas on réserve à l'*amour* le rôle de *puissance*, ou bien encore en distribuant autrement les mêmes rôles, sans pour cela les abolir. Un être personnel ne l'est donc jamais à la fois sous tous les aspects actuels ou possibles ; ou bien, s'il l'est, il ne l'est jamais, ou dans le même sens, ou dans la même direction, ou au même degré. Soit le Sens *personnel* par hypothèse : alors, ou il l'est seul, ou il ne l'est qu'en seconde ligne, ou il ne l'est qu'en expectative ou réserve ou possibilité ; car, vraiment personnel, il prime tout ; secondairement personnel, il subit une influence ou direction étrangère ; et, seulement personnel en expectative, il existe provisoirement au rang de simple sujet. Et la même chose doit se dire de l'Intellect et de l'Esprit. Il y a donc trois sortes de Personnalités *implicites* et *explicites* dans la Conscience absolue. Toutes Personnalités, hors une, sont implicites dans la Conscience *subjective*, puisque, par exemple, le Sens est secondaire en tout, hors le sentiment, où rien ne le saurait rivaliser. Mais elles sont toutes — en nombre triple — explicites dans le monde objectif universel placé sous le triple régime, aussi pleinement infini que perpétuellement distinct, du sentiment, de l'intelligence et de l'amour.

5. A vouloir maintenant poursuivre en droite ligne le développement des idées auxquelles nous venons d'aboutir, nous arriverions à l'établissement du dogme de la Trinité chrétienne, que l'on sait consister en la reconnaissance de trois Personnalités aussi *radicalement* simples que *finalement* extensives, et non moins opposées qu'inséparables de *fait*. Mais, nous proposant moins ici de mettre en relief l'universelle distinction de ces mêmes personnalités, de prime abord rivales en leurs sphères exclusives, que leur subordination hiérarchique en exercice relatif externe, toujours bâti d'ailleurs sur leur absolue distinction, nous porterons désormais notre attention, en dehors de leurs faces *explicites* égales et par là même insubordonnables, sur leurs faces *implicites*, exemptes d'être aussi foncièrement identiques que les précédentes, et se prêtant par là même à toute sorte de rapports ou de contrastes actuels en sens, direction ou degré.

Pour fixer les idées à cet égard, nous remonterons à la définition de l'*Être* ramené à l'*Activité*. Concevant l'Être comme actif, on associe

ensemble les deux notions d'*état* et d'*acte*, tout
à fait comme, associant ensemble *statique* et *dynamique*, on en compose un seul tout réel appelé *mécanique* ; et dès-lors les deux notions
d'*état* et d'*acte* ne sont plus que deux faces formelles intégrantes de la Réalité. Mais, sans rien
changer d'essentiel en ce premier mode absolu de
représentation, on peut bien actuellement, tout
en retenant les deux notions précitées d'*état* et
d'*acte*, vouloir plus appuyer sur l'une de ces données qu'en l'autre ; et tandis qu'on s'arrête alors de
préférence, par exemple, sur l'*acte*, l'*être*, désormais moins frappant, apparaît contracter respectivement la note d'imaginaire, comme au
contraire, si l'on insistait de préférence sur
l'*être*, l'*acte* apparaîtrait imaginaire à son tour.
Voici maintenant le but ou l'objet de cette observation. Ni l'*être* ni l'*acte* ne sont eux-mêmes
principes ou sujets de la diversité d'emploi
signalée tout à l'heure : le principe et le sujet de
cet emploi sont en l'Activité réelle elle-même,
qui se trouve en jeu sous ces deux formes. Au
fond, l'acte n'est pas plus actif que l'être, et l'être
n'est pas plus passif que l'acte ; mais l'Activité,

qui d'abord représente ces deux *abstractions* à la fois, les pose aussi conjointement devant elle : seulement, quand elle les pose *ensemble*, si l'acte en est réel, elle réunit, concentre, identifie ; quand elle les pose *à part*, si l'acte en est réel encore, elle distingue, disjoint, sépare. Or, l'Activité réelle réunissant, concentrant, identifiant, est l'Activité *sensible* ou le Sens ; l'activité réelle distinguant, disjoignant, séparant, est l'Activité *formelle* ou l'Intellect ; l'Activité réelle balançant l'une par l'autre les deux Activités intellectuelle et sensible, est l'Activité *spirituelle* ou l'Esprit. Au fond, l'*acte* de concentration est donc comme l'*état* essentiel ou l'essence du Sens, de même que l'*acte* de disjonction est comme l'*état* essentiel ou l'essence de l'Intellect, et l'acte de balancement ou d'équilibre la *disposition* radicale immanente de l'Esprit. Jusque-là, chez ces trois puissances, l'être et l'activité sont un.

Cependant, une fois constituées en *elles-mêmes*, les trois puissances sensible, intellectuelle et spirituelle ne sont point incapables d'exercice *externe* et relatif. Par essence, avons-nous dit, le Sens concentre, l'Intellect rayonne et l'Esprit équilibre : ce qu'ils sont là tous les trois, répond pour chacun à la face de l'*être*. S'ils veulent alors manifester encore ce qui répond en chacun à la face de l'*acte*, ils doivent se modifier individuellement, non sans doute en renonçant pour cela tout à fait à leur manière d'être primitive interne (laquelle ne saurait changer sans abus ou excès, et par là même sans faute), mais en la rendant, au moins relativement ou pour le dehors, de réelle, imaginaire, absolument comme, pour la contracter, ils ont dû déjà la rendre intérieurement, d'imaginaire, réelle. Ainsi, de même que tout d'abord le Sens non concentré par hypothèse devient concentrant et concentré, le même Sens une fois concentrant et concentré peut et doit, s'il veut agir accidentellement, devenir, sur son fond actuel mais indistinct encore comme universel, rayonnant. De même, l'intellect foncièrement rayonnant devient, par acte accidentel externe, concentrant. Et l'Esprit, dont la spéciale fonction interne est d'opérer constamment l'équilibre entre l'Intellect et le Sens, s'emploie désormais, par acte accidentel contraire, à les déséquilibrer au dehors. En d'autres termes et plus généralement, chez les puissances radicales, leurs manières d'*être* et d'*agir* personnellement sont inverses.

6. De cette vérité : que les puissances radicales sont d'abord *essentiellement*, la sensible concentrante, l'intellectuelle rayonnante et la spirituelle équilibrante; puis, *secondairement*, la sensible divisive, l'intellectuelle unitive et la spirituelle intervertive, nous pouvons actuellement déduire, soit la possibilité de leur subordination temporelle, soit la notion de leurs effets contingents.

D'abord, de l'*inversion* d'exercice attribuable à chaque puissance accidentellement appliquée résulte immédiatement la possibilité de leur *subordination* temporelle. Car, soit par exemple le Sens devenant, d'unitif, divisif, il ne devient alors évidemment tel qu'en seconde ligne, comme ayant en cela pour type primitif l'Intellect, premier diviseur ; il passe donc alors tout d'un coup sous le régime ou la loi de l'Intellect. Soit également l'Intellect devenant, de divisif, unitif : il le devient après le Sens, premier principe d'unification et type d'unité : donc il s'astreint par là même à marcher sous ses auspices. Enfin, soit l'Esprit devenant, d'équilibriste, intervertisseur : il ne change ainsi de rôle que par imitation alternante du double rôle primitif concentrant du Sens et rayonnant de l'Intellect : il en prend donc l'allure ou marche successivement à la remorque de l'un et de l'autre. Les trois puissances, d'abord radicalement égales, ne laissent donc point de pouvoir devenir secondairement inégales et par là même subordonnables entre elles.

Puis, par la même vérité nous donnant avec la loi d'inversion le mode même d'inversion propre à chaque puissance, nous sommes déjà — généralement au moins — fixé sur la nature de leur exercice respectif contingent, et nous savons ainsi que le Sens rayonne après concentration, que l'Intellect concentre après rayonnement, et que l'Esprit concourt autant au changement qu'au maintien de l'équilibre des forces. Cependant, comme il n'est pas impossible aux trois puissances radicales de s'imiter en tout, la transformation spéciale attribuée tout à l'heure à chacune d'elles (comme, par exemple, la transition de *simple à multiple* au Sens, ou celle de *multiple à simple* à l'Intellect) ne lui est point nécessairement particulière et peut également convenir à toutes les autres. Pour nous fixer à cet égard, il nous faut donc entrer plus avant dans la question et rechercher nommément en quoi consiste le mode transitif : 1° de simple à multiple; 2° de multiple à simple, ainsi que : 3° celui de constant à variable ou de variable à constant.

Si l'on n'y prenait garde, on pourrait ici facilement se méprendre sur le jeu réel des trois Puissances radicales en le prenant dans un sens trop restreint, comme si, par exemple, le passage actuel de simple à multiple était une pure transformation numérique de quantités. L'exercice de l'Activité réelle, opérant ou subissant cette transformation ou autres analogues, a plus de portée que n'en impliquent de simples exercices de calcul ; car, au lieu que ces derniers sont exclusivement abstraits, une opération par laquelle l'Activité se détermine elle-même s'accompagne de caractères métaphysiques ou physiques beaucoup plus positifs et portant alors plus que sur des quantités, comme atteignant jusqu'aux modes réels de l'Être ou de ses applications.

Prenons ici pour exemple le Sens *radicalement* unitif et *secondairement* divisif. Le Sens *unitif* existe sous sa forme personnelle absolue ; mais, *divisif*, — quoique toujours personnel en principe sous sa première forme, — il se suspend en quelque sorte et devient en apparence imaginaire, car il ne fonctionne plus alors qu'en qualité de *Substratum* ou de puissance occulte, quand le nouveau rôle actuel en est accidentel, emprunté, copié, tiré d'une puissance étrangère, et par là même hétérogène au sien propre. Dans ce cas le Sens, quoique *foncièrement* sensible, est *actuellement* intellectuel. Il n'est point, si l'on veut, l'Intellect radical ; mais il est intellect contingent, puisqu'il en fait l'office ; et ce nouveau mode d'intellect qui jaillit accidentellement de lui par unités ou par individualités distinctes, parce qu'il ne peut pas davantage s'identifier avec le Sens radical procréateur, en est forcément le produit engendré, la reproduction formelle, ou l'image intelligente, angélique. Le *Substratum éloigné* de l'exercice intellectuel du

Sens radical est bien manifestement le Sens *individuel* radical, comme s'y prêtant par son *genre* absolu ; mais le *Substratum* (ou mieux *principe*) *prochain* en est aussi manifestement l'Intellect *individuel* radical actif en manière de facteur ou d'*espèce*, pour le modifier ou le féconder à ce titre ; c'est pourquoi les produits, quoique *radicalement* sensibles, n'en apparaissent point *actuellement* sensibles, mais intellectuels. Opérant ainsi de loin sous sa forme propre, le Sens, intellectualisé, reste *subjectivement* un ; mais, appliqué de près sous la forme de l'Intellect radical, *il vise à multiple* : il est donc à la fois *objectivement* multiple et *subjectivement* un ; ou mieux, puisque cette opposition de vues doit se fondre ou se concilier en la nouvelle unité personnelle introduite, il est la *transition même immédiate d'un à multiple*, et peut ainsi parfaitement être représenté — suivant qu'on se place en l'un ou l'autre des deux systèmes binaire et ternaire — par les modules ou rapports symboliques $\frac{1}{2}, \frac{1}{3}$. Une semblable transition immédiate de même à autre subsiste sous la forme de *tendance* et se désigne par le même nom.

Nous venons de prendre notre exemple dans le Sens ; prenons-le actuellement dans l'Intellect. Cette nouvelle puissance, accidentellement appliquée, ne rayonne plus mais concentre, ou ne divise plus mais unit. Elle est alors notoirement redevable de ce nouveau mode de fonctionnement au Sens. Mais, fécondable par le Sens comme le Sens l'était tout à l'heure par elle, elle doit émettre des Actes intellectuels en *principe* et sensibles de *fait* ; et ces Actes, intellectuels par le *genre*, sensibles par l'*espèce*, doivent être à leur tour définis à l'instar mais à l'envers de ceux du Sens naguère étudiés, la *transition même instantanée de multiple à simple*. Ils sont donc figurables par des expressions de la forme $\frac{2}{1}, \frac{3}{1}$, et consistent encore en *tendances* réelles.

Comparées entre elles, les tendances intellectuelles issues, les unes du Sens par l'Intellect, et les autres de l'Intellect par le Sens, ou bien intellectuelles, les unes par le principe, et les autres par la fin, sont comme *masculin* et *féminin*. Cela n'empêche point la même division de se reproduire sur-le-champ en chacune des deux espèces de tendances intellectuelles absolues déjà réalisées, à peu près de la même manière que, malgré l'originaire appropriation générale des deux rôles *masculin* et *féminin* aux deux agents électrique et lumineux, chacun de ces agents ne laisse point de les reproduire en lui-même, la lumière se divisant — comme l'on sait — en *ordinaire* et *extraordinaire*, et l'électricité se divisant de même en *positive* et *négative*. Cependant on ne saurait étendre, si ce n'est pour la forme, la même division au règne de l'Esprit. Car cette dernière puissance est et reste exceptionnellement universelle, la distinction sexuelle introduite par hypothèse en ses effets objectifs apparents ne pouvant jamais remonter jusqu'à leur source habituellement trop abstraite pour s'affecter jamais sensiblement de ses produits. Un Esprit pur, essentiellement transitif, scrute ou visite tout, mais ne se pose ou ne séjourne nulle part.

7. Dans ce qui précède, nous avons expliqué comment le Sens, *tendu* par l'Intellect, devient

intelligent, et comment l'Intellect, *tendu* par le Sens, devient sensible. Cessant maintenant de considérer en particulier, soit l'inversion alors opérée dans le Sens, soit l'analogue transformation réalisée dans l'Intellect (d'où résulte finalement l'uniforme constitution actuelle des deux), nous porterons spécialement notre attention sur la *tendance* introduite en leur sein ; car tout le gros de la question est là.

Cherchant ailleurs (*Traité des Facultés*, pag. 176) à rendre l'idée de grandeur implicite contenue dans toute notion d'*intensité* réelle, nous l'avons équivalemment qualifiée d'*expansion virtuelle*. Le Sens, originairement tout concentré de fait, jouit éminemment de cette propriété d'expansion tout imaginaire, idéale, fictive; mais comme cette propriété, quoiqu'elle lui convienne parfaitement, ne trouve de prime abord aucunement prise en sa simplicité, si ce n'est en idée, l'invention et la représentation en reviennent au seul Intellect issu du Sens pour en reproduire l'image entière à la simplicité près, qui dès-lors est censée résider ou subsister à part. Cependant, en même temps que l'Intellect radical introduit l'idée de grandeur *intensive* dans le Sens radical, il ne l'y pose point gratuitement ou de son crû, comme s'il procédait en cela de simple fantaisie; car nul Sens *individuel* n'est concevable sans l'accompagnement obligé de toute la généralité du *genre* sensible; le Sens radical, tout réellement *ramassé* qu'il est, est donc imaginairement *universel*, et par conséquent il est l'identité du *réel* et de l'*imaginaire* dans l'ordre sensible. Par la raison des contraires, l'Intellect employé tout d'abord à représenter l'extensive imaginarité du Sens avec simple réserve de son unité réelle et personnelle, dont il partage d'ailleurs la primitive simplicité de position, s'approprie, sous la mise sensible la plus exiguë possible, le plus vaste déploiement possible de représentation extensive; ou bien il est encore, de son côté, l'identité de l'*imaginaire* et du *réel*, mais en sens inverse du Sens, et par conséquent non plus dans l'ordre sensible, mais dans l'ordre intellectuel.

Connaissant maintenant le Sens et l'Intellect radicaux et personnels comme deux positions corrélatives inverses, ou telles que, sans cesser d'être absolument égales, elles alternent en fonction relative, la première s'appropriant en particulier la face *intensive* ou le côté *virtuel* de la puissance réelle, et la seconde s'en appropriant au contraire la face *extensive* ou le côté *formel*, voyons ce qui s'ensuit quand ils échangent de rôles dans l'ordre externe et contingent, nécessairement mixte. Si l'on conçoit d'abord le Sens radical tout un ou simple, avec simple déploiement imaginaire de puissance, il est *intensivement* tout, mais il n'est *extensivement* rien de plus qu'un infiniment petit *élément* d'activité réelle. Si, de même, on conçoit d'abord l'Intellect radical tout objectivement étalé, moins son unité subjective, qui ne connaît point même de dimensions d'aucune sorte, il est *extensivement* tout, mais *intensivement* il n'accuse de nouveau qu'un infiniment petit *élément* d'activité réelle. Alors, puisque le Sens radical est tout d'abord infiniment intensif, l'activité réelle dont il n'offre en premier lieu qu'un infiniment petit élément, est l'*intellectuelle* ; et pareillement, puisque l'Intellect est tout d'abord infiniment extensif, l'activité réelle dont il apporte à peine en naissant un germe imperceptible, est la *sensible*. C'est-à-dire : tout d'abord, le Sens radical est pleinement sensible de fait, simplement intelligent en puissance; et inversement, l'Intellect radical est pleinement intelligent de fait, simplement sensible en puissance. Mais ce double état primitif du Sens et de l'Intellect en est bien le simple état natif et singulier, non l'état acquis et social, jusqu'à un certain point commun, ou du moins ressemblant. Car, comme nous l'avons admis déjà, le Sens radical se trouvant en continuel rapport avec l'Intellect s'en affecte et *se tend*, ou désire et veut représenter à son exemple; l'Intellect radical, également favorisé d'incessante accointance avec le Sens, s'en affecte encore et *se tend*, ou désire et veut sentir comme lui. Les choses en restant là, l'Esprit commun aux deux, et toujours d'ailleurs plus tôt équilibrant qu'intervertissant, n'a pas de raison de rendre inégales les deux *tendances* inverses ainsi *subitement* écloses dans leur sein, elles s'y développent donc également. Mais comment et dans quel sens se développent-elles? Naturellement, elles s'y développent *en sens inverse*, mais *séparément* encore, tout autant que chacune se conserve à l'état de *tendance* et ne fait point par hypothèse irruption en dehors. Arrêtons-nous un moment à considérer ce dernier point, ici très-important.

Manifestement, en tant que *tendu*, le Sens, quoique excité, reste dans son isolement primitif ; et de même l'Intellect, *tendu* sous l'influence du Sens, mais s'abstenant néanmoins de réagir, reste indépendant de lui. Mais le Sens et l'Intellect *tendus* ne sont plus le Sens ni l'Intellect primitifs ; ils sont le Sens et l'Intellect modifiés et prédéterminés à réagir ; et nous avons désormais à les qualifier sous cette forme.

8. D'après ce que nous savons déjà, le Sens primitif existe comme réellement sensible, avec la possibilité, la puissance ou le *germe* de l'intelligence. Quand il est *tendu*, ce premier état se modifie, s'accentue, s'aggrave, car le *germe* de l'intelligence devient quelque chose de plus ; il devient (par fécondation) animé, vivant, *embryon* intellectuel. Or qu'était-il d'abord ? il était, avons-nous dit, une *intensité*. Cette intensité, toute ramassée, ne contenait qu'imaginairement en soi

l'extension ultérieurement réalisable. Mais voilà qu'elle se réalise déjà sommairement, virtuellement en lui, sous forme de *tendance*, en commençant à se dilater ou se répandre, au moins en esprit. Le Sens animé de la tendance à représenter est donc un Sens déjà saisi d'épanchement *interne*, ou bien un Sens restant intensif de fait mais *gros* d'extension imminente, un Sens ayant en quelque sorte un pied déjà levé pour passer, de son propre ressort, en ressort étranger. Nous donnerons à l'essor tendantiel dont il est alors animé, le nom de *masse*. En effet, une intensité pure ne mérite point d'être appelée *masse*, quel qu'en soit le degré ; mais imaginons alors que l'intensité, d'abord présupposée simple, commence à se dilater, de manière à tenir, *une*, la place de *deux* ou de *trois*, etc. : l'actuelle transformation (sans perte d'équivalence) d'*un* en *deux* ou *trois*, etc., permet aussitôt d'appeler la simple force tout d'abord absolument indistincte, *masse*, dès-lors qu'elle implique un groupement quelconque. Une *masse* est donc finalement un épanchement de force, une décomposition actuelle, mais pourtant avec permanence d'union et simple essai de division imparfaite.

Le même procédé d'analyse que nous venons d'appliquer au Sens s'applique à l'Intellect. Primitivement, l'Intellect est réellement intelligent avec possibilité, puissance ou *germe* de sensibilité. Mais, devient-il *tendu*, la puissance sensible acquiert chez lui dès ce moment un degré de plus et devient, d'éloignée, prochaine, de simple, double, et d'inerte, vivante, comme on conçoit que la chose arrive en tout changement de germe en embryon. D'ailleurs, l'Intellect primitif était une extension pure, et cette représentation extensive n'avait trait que de loin, en qualité de produit, à son intensité génératrice : elle ne l'enveloppait donc point ou ne lui servait point de vêtement ni de demeure. Mais l'Intellect *tendu*, quoiqu'il ne sorte point encore tout à fait de lui-même, grossit bien sa représentation subjective d'un nouvel élément encombrant qui, s'il n'est point la *masse*, est au moins, et à son occasion, l'entrave ou la limite au libre mouvement de tous les points de l'espace vers leur centre réel ou présumé. L'Intellect *tendu* n'arrive donc point, comme le Sens, à l'idée de *masse*, mais il s'arrête à l'idée d'expansion initiale contenue, c'est-à-dire de *limite*, et par là même de *volume*, en donnant à ce mot le sens d'*espace impénétrable* ou de *forme enveloppante* et figurable au Sens.

9. Ordinairement, on ne paraît pas éloigné de penser que les deux idées formelles de *masse* et de *volume* sont en étroite liaison nécessaire et constamment inséparables. Elles le sont bien, si l'on veut, *imaginairement* et de la même manière que leurs sources ou le Sens et l'Intellect radicaux le sont eux-mêmes, car elles sont corrélatives. Mais cette liaison éloignée, radicale, n'existe qu'une fois au principe des choses, et, quand elle se reproduit ensuite *accidentellement* de loin en loin, cette occasionnelle coïncidence n'en empêche ni ne détruit la distinction réelle *habituelle* et persévérante. Et la raison en est, ce nous semble, manifeste. D'abord, la *masse* naît du Sens, et le *volume* provient de l'Intellect : si les sources sont distinctes, il faut que les produits le soient. Puis, il ne nous semble pas nécessaire de beaucoup réfléchir pour reconnaître

une inversion de procédé dans leur génération.
Il ressort en effet des explications déjà données
que, moins le Sens s'épanche ou réalise de masse
apparente ou sensible, plus il reste intensif ou
pur; et que, moins au contraire l'Intellect se
contient ou se pose sous forme objective arrêtée,
plus il reste extensif ou pur encore. En d'autres
termes, plus le Sens est réduit, plus il est parfait;
moins l'Intellect est réduit, plus il excelle. Est-
ce que le sentiment incorporel n'est point le plus
délicat, et la représentation illimitée, la plus
noble? Le Sens se conserve donc d'autant mieux
qu'il se livre moins ; et l'Intellect, de son côté,
se conserve d'autant mieux qu'il reste plus ouvert. En grandeur, la masse et le volume, en-
gendrés, évoluent donc inversement et par là
même tout à fait à part, s'assimilant ainsi plus
ou moins aux couples de figures symétriques
non superposables par renversement de forme ;
et, de fait, en voyant en tant de rencontres, au
gré de la température, la même masse accuser
des volumes divers, ou le même volume renfer-
mer des masses inégales, on ne peut s'empêcher
d'avouer que toute réunion donnée de telle

— 38 —

masse et de tel volume apparent ne soit vraiment un pur effet de contingence ou de hasard montrant fortuitement harmoniques et coexistantes deux choses jusqu'à ce moment dissociées et discordantes.

Cependant, en tournant continuellement ainsi sur le seul aspect *originaire* de la *masse* et du *volume*, nous n'en avons point encore mis à nu l'aspect intrinsèque ou la *nature* propre; et le maintien de ce procédé pourrait bien faire refluer jusque sur la question d'*origine* l'obscurité planant sur la *nature :* occupons-nous donc, sans plus tarder, de les définir. Restant fidèle à notre point de vue, nous définirons la *masse* : cet état dans lequel on conçoit qu'une force, indivise mais divisible, subsiste en parties *formellement* ou *virtuellement* distinctes, (en qualité de *facteurs*), mais pas assez néanmoins pour échapper de suite à toute pénétration réciproque (en qualité de simples *termes* isolés), comme cela serait si par hasard elles étaient censées contiguës les unes aux autres, à l'instar des parties imaginaires de l'Espace objectif, type d'absolue diffusion et par là même de négation complète de *masse*. Qu'on imagine une colonne composée d'autres colonnes de moindre calibre enchâssées à moitié dans son sein et s'en dégageant de même à moitié par manière de relief : on aura dans cette image une assez exacte reproduction de ce que nous avons voulu dire par cette définition. Au contraire, le *volume* est cet état dans lequel une force, existant à l'état de tension ou de tendance *exclusive*, résiste absolument à la pénétration, et n'est ainsi pas plus transitive en autrui que réceptive en soi. Pour donner une idée de ce nouvel état, nous rappellerons ici la triple position des deux *foyers* discernables dans l'ellipse, mais aussi plus ou moins appropriables au cercle et à la parabole, et nommément *à demi*, soit excentriques, soit concentriques dans l'ellipse, *tout à fait* concentriques dans le cercle, *tout à fait* excentriques dans la parabole. Se conservant dans l'état elliptique, les deux foyers sont une image de la distinction formelle ou virtuelle en la *masse;* se superposant dans l'état circulaire, ils rentrent dans la simple distinction imaginaire en l'*intensité* pure ; mais, se constituant l'un et l'autre en l'état particulier parabolique, ils prennent la forme ou l'aspect accentué de *volume*, toujours négatif (sinon exclusif) de l'idée de *masse*.

On voit, par ce que nous venons de dire, que la distinction entre la *masse* et le *volume* implique une *tendance* à deux degrés, ou bien une double *tendance*, dont la première, seulement *initiale*, donne naissance à la notion de *masse*, et dont la seconde, *finale*, institue le *volume*. L'idée de *tendance* est donc bien le fond commun aux deux ; et la différence des deux se tire ensuite du plus ou moins grand développement donné par hypothèse à la tendance. Mais d'où vient alors cette inégalité de développement ? Le besoin de répondre à cette difficulté nous ramène à la question d'*origine*, que nous pourrons actuellement achever d'éclaircir. La *masse* provient de création *absolue*, le *volume* n'est qu'une création *relative*.

Soit une vitesse de *cent* mètres dans l'*unité* d'instant sensible, que nous supposerons être d'un dixième de seconde : cette vitesse, absolument indivise par hypothèse, représente alors une *intensité* pure. Admettons maintenant que cette vitesse se ralentit tout à coup, mais sans perte absolue radicale: elle subit donc en elle-même une simple transformation qui sera, par exemple, sa conversion, de l'état *virtuel* de vitesse pure, à l'état *formel* ou complexe de vitesse moindre mais multiple. En l'état de vitesse pure, elle était une force simple mais intense, $= 100$; en l'état complexe subséquent, elle est moindre en vitesse absolue, mais elle est plus grande en nombre ou quantité, comme désormais égale, par exemple à $10 \times 10 \; (= 100)$ en un dixième de seconde. Au point de vue de la force ou des effets *absolus*, rien n'est changé par là; mais au point de vue *relatif*, il n'en est pas de même, puisque, au lieu d'avoir un état simple égal à 100, nous avons un état complexe à *terme* et à *facteur* entremêlés dans le produit, extrinsèquement un et intrinsèquement multiple, 10×10. Et là, le nouveau facteur apparent adjoint à la vitesse réduite, pour en représenter et compenser la perte, semble évidemment comme tombé des nues ou tout nouvellement introduit, puisqu'il n'en existait point d'abord la moindre trace. Donc la *masse*, réductible à l'idée de *complexion de force*, est bien un effet tout spontané d'absolue création.

Tout spontané qu'il est, ce premier effet de l'Activité spirituelle subjectivement ralentissante et ralentie n'en est point, comme nous l'avons déjà dit, le dernier mot, car elle peut et doit encore le modifier, en faisant passer la décomposition initiale, une fois introduite, par tous les degrés d'élargissement qu'il lui plaira, depuis l'*un en un* circulaire, jusqu'à l'*un à un* parabolique. Dans l'*un en un* circulaire, l'idée de *volume* fait complétement défaut ; dans l'*un à un* parabolique, elle vient s'épanouir à la limite ; dans tous les états intermédiaires elliptiques, elle existe au contraire en plein, et voilà pourquoi toute *masse* est censée partout et toujours soumise aux deux forces apparentes d'attraction et de répulsion !... Elle subit alors en commun l'effet de l'attraction siégeant au *centre* de figure ; elle subit à part l'effet de répulsion régnant de *foyer* à *foyer*. Et d'ailleurs, comme il a été dit, cette répulsion existe seulement *attentée*, dans chaque figure, pour chacune de ses deux parties factorielles intégrantes ; elle existe **consommée**, de figure à figure, entre leurs masses totales respectives.

10. Nous venons d'éclairer coup sur coup plusieurs points obscurs dont certainement nul Diogène n'avait eu jusqu'à ce jour la chance ou l'idée d'approcher sa lanterne ; mais il en reste un autre aussi ténébreux à mettre en lumière : nous voulons parler du rapport de la *masse au volume*, point déjà signalé § 9, mais non expliqué suffisamment par ce que nous en avons dit. Là, mettant de côté l'imaginaire identité radicale de ces deux concepts qui, comme immanente et commune, ne peut évidemment influer sur l'espèce ou le mode de leurs emplois différentiels à l'avenir, nous avons dit que, la *masse* provenant à part du Sens et le *volume* provenant également à part de l'Intellect, il y avait lieu de leur attribuer séparément une allure propre, non-seulement distincte, mais encore originale et contrastante, sans aboutir néanmoins jusqu'à l'incompatibilité, pour n'avoir pas l'air d'en dénier en quelque sorte d'avance les fréquentes rencontres ou coïncidences accidentelles. Or l'allure de

toute force vive se détermine, comme celle d'un coureur ou coursier quelconque, à l'aide de sa conformation organique ainsi que de ses conditions vitales et relatives d'exercice externe. Donc, puisqu'ici les deux agents spéciaux, producteurs de la *masse* et du *volume*, sont le Sens et l'Intellect personnels, nous devons revenir un moment sur ces deux puissances et chercher à déduire de leurs caractères connus respectifs le principe régulateur de leurs applications, soit indépendantes, soit combinées, sous la forme de masse ou de volume.

Le Sens et l'Intellect radicaux, étant des agents absolus personnels, agissent — en cette qualité — très-indépendamment d'abord, mais ensuite aussi sous l'influence de stimulants formels nécessairement communs (puisqu'en principe ils sont uns) : ces stimulants communs du Sens et de l'Intellect personnels sont le *goût*, la *règle* et le *devoir*. Par goût, d'abord, ils agissent — conformément à leurs prédispositions individuelles — en deux sens opposés : le Sens s'épanchant naturellement suivant la plus grande pente où il trouve le *plaisir*, et l'Intellect se contenant au contraire, comme pour la remonter par *honneur*. Or, comme on sait, de goûts on ne dispute point, et chacun agit là-dessus à sa guise. Il y a donc nécessairement, en toute manifestation d'activité, des traces ineffaçables d'arbitraire dues aux circonstances éminemment passagères et relatives des lieux et moments où l'on se détermine, mais pourtant, quoique n'étant point étrangères à la production des actes accomplis, n'en excluant point tout autre motif plus profond que le plaisir, et n'en effectuant pas davantage l'ordre et l'enchaînement. Il nous reste donc à trouver les principes de la *règle* et du *devoir*. Mais déjà nous pouvons reconnaître aisément que le *devoir* tient considérablement du *goût*, avec cette seule différence que, au lieu de s'imposer — comme ce dernier — à la moindre occasion et pour rapports essentiellement fortuits et passagers, il vaut pour tous les lieux et pour tous les temps ainsi que pour tous les êtres possibles, d'où il résulte que la morale est universelle et — comme universelle — nécessaire, sans cesser pour cela d'impliquer une sorte de goût surnaturel entraînant et retenant la volonté dans ses voies naturelles.

La *règle*, au contraire, ne tient aucun compte du goût et s'en passe aussi bien en ses applications qu'à l'origine. Née de la raison, elle ne consulte encore jamais d'autre oracle que la raison ; et, comme la raison demande ensemble et suite en tout, il suit de là que, n'importe sous quelque influence physique et morale qu'on se place, on doit constamment, tant qu'on ne change point de motifs, agir avec ensemble et suite, et par conséquent encore avec régularité, symétrie, progrès ou regrès, dans la même direction. En somme, nous avons donc trois motifs d'agir : *un* général, la *règle* ; et *deux* spéciaux, le *goût* et le *devoir*. Bon gré malgré, ces deux derniers, quoique contraires, doivent s'accommoder et marcher ensemble, pour subir en commun le joug du premier ; et c'est alors à discerner le groupe de forces où cet ensemble se produit, que nous devons ici mettre toute notre attention.

Où porterons-nous pour cela nos regards ? Là, certainement, où peut-être le lecteur ne le soupçonne point, quoique compris au cœur même de notre sujet, c'est-à-dire en *l'être à la fois constitué de masse et de volume*, mais de masse et de volume fonctionnant encore seulement à titre de *facteurs*, non de simples *termes*. Tel est le cas des Planètes et du Soleil. Pour découvrir l'ensemble de forces réglées sur le type des trois motifs déjà nommés et définis, nous considérerons ici ces deux sortes de corps, mais en particulier les planètes, parce que, en connaissant déjà très-bien par les travaux des astronomes les lois ou le système, il doit nous suffire d'en donner l'interprétation philosophique pour atteindre notre but. Manquant de cette interprétation, les astronomes en ont jusqu'à ce jour formulé les lois sans les comprendre. Les philosophes, instituant de leur côté les trois classes de motifs énumérés précédemment, en indiquaient les véritables forces sans en comprendre l'emploi ni la portée. Venant après eux tous, et complétant les données des uns par celles des autres, nous avons alors l'avantage de voir (ce qu'à leurs points de vue spéciaux il leur était bien impossible de voir) dans le rapport intime entre les *lois mathématiques* des premiers et les *motifs psychologiques* des seconds, l'objet des vraies réalités peuplant, sous le nom d'astres, l'espace apparent, et répondant, par leurs formes ou facteurs intelligibles, à l'esprit.

11. Les lois astronomiques auxquelles nous venons de faire allusion sont les deux premières lois de Képler. 1re loi : *Les planètes décrivent autour du Soleil des ellipses, dont cet astre occupe un des foyers.* 2me loi : *Les aires des portions d'ellipse parcourues successivement par le rayon vecteur joignant chaque planète au Soleil sont, entre elles, comme les temps employés à les parcourir.* Ces deux lois renferment en principe tout ce que nous avons à dire ; mais elles ne l'offrent ni classé ni distinct, et nous devons alors viser à le distinguer et classer convenablement.

Commençons par faire, là, la part de la *masse* et la part du *volume*. D'abord, il s'agit bien encore ici de la masse *facteur* ou de la masse *animée*, non de la masse *terme* ou de la masse *matière*. Cette masse *facteur* est un peu censée déjà dispersée par épanchement d'intensité, ce qui la prédispose à beaucoup de rapports ou d'accidents dont elle serait exempte à l'état d'intensité pure ; mais, comme elle se conserve pourtant en principe à l'état d'union, elle agit toujours comme si par hypothèse elle restait *condensée en son centre* : premier point très-important à noter. Mais ce n'est pas tout. La *masse*, ici *facteur*, ne l'est point subitement (comme on pourrait le croire) à l'égard du *volume*, encore situé pour elle dans l'imaginaire, mais elle l'est (chose dont une trop servile entente des principes de l'École Herbartienne nous avait longtemps ôté l'intelligence) pour toute autre *masse* comprise dans le ressort de la force commune ; car on admet parfaitement en astronomie que deux masses ainsi distinctes, mais corrélatives, se multiplient entre elles, d'où l'on tire les expressions usitées Mm ou M^2. Et cependant les principes de l'École Herbartienne sur l'indifférence des forces *homogènes* ne sont point renversés pour cela, si l'on a soin de remarquer que, alors, l'*homogénéité* des masses comparées peut n'apparaître qu'accidentelle ou superficielle, et par là même comme non avenue, grâce à leurs fonds respectifs ou bien aux puissances (intellectuelle et sensible) sous-tendantes et radicalement *disparates*, motivant par leur *hétérogénéité* l'application du procédé de multiplication dans un cas où l'*homogénéité* ne demanderait que l'addition ; par où l'on voit que le règne potentiel de l'Esprit n'est point nuisible à l'accroissement des jouissances. Enfin, la force active en toute masse *facteur*, telle que la masse *terrestre* rapportée au Soleil, n'*agit* point au hasard en sens ni direction, car elle est bien constamment dirigée, d'abord de dedans en dehors, et puis suivant le rayon vecteur allant de la masse attirée vers la masse attirante, ou de la Terre au Soleil ; c'est pourquoi l'orientation en est toujours entière. D'ailleurs, cette même orientation est aussi constamment réciproque, car il n'est pas seulement vrai de dire alors que la Terre, mobile autour du Soleil, décrit dans sa révolution une ellipse dont le Soleil occupe un des foyers ; on doit ajouter que de même le Soleil, mobile et révolutif à son tour, décrit implicitement autour de la Terre une autre ellipse dont cette planète occupe pareillement un des foyers ; et par suite, faisant la somme de ces deux ellipses et de leurs deux foyers réels, on doit regarder les deux masses en décrivant les contours ou tenant les foyers, comme deux vrais *foyers absolus*, dans toute la force du mot, avec *centre* commun imaginaire et réel tout à la fois, siégeant entre eux en un point conforme à la théorie des moments, réglant en dernier ressort à son égard l'écart ou l'excentricité de l'un et de l'autre. En résumé, toute masse *facteur* est virtuellement réunie en son *propre centre*; elle est encore, soit *multiplicande*, soit *multiplicateur* pour toute *autre* masse analogue et comprise dans le même système ; elle est enfin constamment *orientée de fait* relativement à la masse corrélative jouant le rôle objectif de foyer à son égard ; et, nous occupant alors de la dénommer et définir (une fois affectée d'*orientation sensible*) *mécaniquement*, nous la nommerons une *force centripète*, et la poserons *qualitativement* égale, par exemple, à $\dfrac{V^2}{\rho}$ ou $\dfrac{V^2}{\rho^2}$ suivant les cas, et, notamment dans ce dernier cas, *quantitativement* égale à $\dfrac{mv^2}{\rho^2}$, pour la part de force revenant à la première des deux masses individuelles m et m', et à $\dfrac{mm'V^2}{\rho}$

pour la force totale revenant à chacune des deux mêmes masses individuelles renforcée de sa corrélative.

Parlons maintenant du *volume*. Puisque la *force intensive* est épanchée déjà dans son passage à l'état de *masse*, elle y acquiert un certain *volume* qui pourra bien avoir plus tard son importance ; mais, dès que nous avons pu la négliger dans son étude pour la considérer réunie tout entière en son centre, comme si cet épanchement n'était point survenu, sa dilatation *actuelle* reste équivalemment nulle, et sa dilatation propre, exclusivement remarquable, est alors, non celle dont nous venons de parler (acquise ou non avec ou sans effet rétractif), mais celle non mentionnée jusqu'à cette heure qu'elle apporte avec elle-même en naissant, et qui la fixe, par exemple, à telle distance ρ de son foyer corrélatif, ou bien à telle distance ρ_1 du Centre réel imaginaire commun ; en un mot, sa dilatation *radicale*. A toute masse *facteur* correspond donc un double *volume*, à savoir : le volume *radical* tel qu'est celui de la Terre représenté par l'*orbite* qu'elle décrit autour du Soleil, et le volume *actuel* tel qu'est celui de la Terre représenté par la *solidité* de cet astre ; et le volume *radical* faisant corps avec elle en naissant (non le volume *actuel* faisant suite à sa naissance et non invariable d'ailleurs comme le premier) est le seul comme immanent dont nous devons ici tenir compte. Maintenant, puisque le volume *radical* est congénère ou frère de la *masse*, s'il n'en partage point l'*espèce*, il n'en diffère au moins ni par le *degré* ni par le *genre*, et doit s'exprimer, au sens près, par la même formule ; et comme nous avons pu déjà singulariser la *masse* sous la forme carrée $\frac{m\,V^2}{\rho^2}$, nous singulariserons de même le *volume* corrélatif ou de même ordre sous la forme analogue $\frac{\mu\,V^2}{\rho^2}$, où la substitution de μ à m a pour but de désigner un complet changement de *direction*; car la nouvelle force, *orientée convenablement* à son tour et *sensibilisée*, n'est rien de plus ni de moins que ce qu'on a coutume d'appeler *force tangentielle*, et l'on sait que, dans le mouvement circulaire uniforme au moins, les deux forces *centripète* et *tangentielle* sont égales aussi bien qu'opposées ou rectangulaires. Dans le mouvement elliptique, où cette égalité ne règne point toujours de fait, elle ne laisse point encore d'ailleurs de se maintenir en moyenne ou de droit; et l'on conçoit sans peine que, tournant alors avec une semblable vitesse moyenne, un rayon vecteur aussi moyen décrirait un cercle équivalant à l'ellipse en grandeur et temps. Donc, le changement périodiquement introduit dans une révolution elliptique n'altérant point le rapport originaire des deux forces respectivement absolues *centripète* et *tangentielle*, ici concourantes, et ces deux forces étant bien qualitativement et quantitativement égales, d'une part, positivement et relativement indépendantes, de l'autre, nous pouvons parfaitement les opposer dès à présent comme irréductibles et personnelles.

La *masse* et le *volume* une fois bien déterminés et spécifiés, il nous reste à formuler les lois rationnelles de leurs rapports, soit nécessaires, soit habituels, soit purement actuels. Considérés comme respectivement absolus, la *masse* et le *volume*, facteurs spontanément émis coup sur coup par création intemporelle du Sens et de 'Intellect radicalement infinis, coïncident d'abord très-accidentellement, mais non moins réellement, l'un avec l'autre dans une position tout intellectuelle en principe, simple comme *absolue*, double comme *relative*, dont chacun de ses démembrements joue encore, comme *absolu*, le même double rôle *relatif*, en échangeant alternativement avec son analogue les deux rôles de *facteur* et de *terme*. Objectivement ainsi conjoints en deux *termes* (comme *planète* et *soleil*) respectivement indépendants dont chacun réunit en soi masse et volume, ces deux *Facteurs*, irréductibles en principe, n'en sont point pour cela deux parties intégrantes, mais plutôt deux *énergies* intrinsèques, bien distinctes en fonction et qualité, sinon de position ; car ils correspondent justement aux deux forces *centripète* et *tangentielle* dont on ne peut s'empêcher de concevoir animée toute position absolument une mais relativement double, comme les deux astres précités. Comparant maintenant l'une à l'autre les deux forces *centripète* et *tangentielle*, on trouve ou reconnaît aisément que la première, toujours réellement orientée vers son foyer respectif, est spécialement *longitudinale* et répond à la formule trigonométrique $cos^2 a$, quand la seconde, toujours dirigée pour lors vers un simple foyer idéal, est *transversale* et répond à la formule trigonométrique $sin^2 a$*. De plus, on doit admet-

* La récente invention du *Radioscope* vient donner à ces idées théoriques une confirmation expérimentale inattendue. Déjà nous savons par nos études précédentes (*Mécanique de l'Esprit par la Trigonométrie,*...): 1° que tout mouvement circulaire analogue à celui du Radioscope s'exprime trigonométriquement par cosinus et sinus; 2° que tout ensemble de fonctions circulaires *cosinus* et *sinus* correspond exactement au fonctionnement des deux rôles *masculin* et *féminin*. Nous savons donc déjà théoriquement que, tournant spontanément sur son centre, le Radioscope subit l'influence de deux forces relatives comme *sexualisées* l'une pour l'autre; et dès-lors, il ne nous reste plus qu'à le démontrer expérimentalement. Nous établirons cette démonstration ainsi qu'il suit.

Admettons (chose évidente, puisque tous les agents *naturels* se convertissent l'un en l'autre) qu'ils sont autant *absolument* uns que *relativement* distincts. *Absolument* uns, ils sont un seul et même agent à la fois (subjectivement) *spirituel, intellectuel* et *sensible*, ainsi que (objectivement) *électrique, lumineux* et *calorifique*, mais *en apparence* seulement *spirituel* et *électrique* tout d'abord, en tant qu'*absolu*. Deviennent-ils distincts par hypothèse? Ils le deviennent comme *relatifs*, ou par simple détermination initiale et tendantielle, c'est-à-dire *intellectuelle* et *lumi-*

tre que, si la première entrait en fonction, elle se traduirait en effets apparents d'intensité crois-

neuse; ou par détermination finale et positive, c'est-à-dire *sensible* et *calorifique*.'

En leur premier état absolu *spirituel* et *électrique*, les agents *naturels* intrinsèquement coexistants par hypothèse, sont déjà susceptibles de décomposition comme l'*Électricité* même, qu'on sait être divisible en *positive* et *négative*; mais cette décomposition spirituelle reste purement *intensive* ou ne se traduit encore aucunement au dehors sous forme lumineuse et calorifique. Donc, en eux, la décomposition sexuelle pure entraîne un simple affaiblissement d'influence intrinsèque, reconnaissable, par exemple, en un certain ralentissement de *vitesse rotatoire* proportionnel au 1er *degré* de décentralisation des facteurs intégrants ; et le principe de leur centralisation continue, quoique moindre, est leur indistinction encore censée persévérante dans les deux régions des phénomènes relatifs *intellectuels* et *sensibles* ou *lumineux* et *calorifiques*.

En supposant maintenant que, à la distinction d'Esprits ou d'*Électricités* contraires, commence à s'adjoindre la distinction de *formes représentatives* différentes, comme c'est le cas en la *Lumière* décomposée par la polarisation en *ordinaire* et *extraordinaire*, le ralentissement doit nécessairement s'aggraver, puisque le *degré* de décentralisation croît ; mais il ne peut encore aboutir à l'arrêt total, puisque l'écart des idées formelles n'est point encore censé rompre l'unité de fait *sensible* et *calorifique*.

Supposons alors la décomposition poussée jusqu'à ce point,

sante, quand la seconde se traduirait, dans le même cas, en effets d'intensité décroissante ;

ou bien — une fois passée de l'Esprit en l'Intellect et devenue d'électrique lumineuse — passant de l'Intellect dans le Sens et devenant de lumineuse *calorifique* : l'agent absolu naturel, désormais réduit en termes élémentaires isolés, n'est plus par là même un siége de forces relatives, mais un simple objet de passivité réelle ; et, quand il en est là, s'il reste apte à recevoir le mouvement, il n'est plus apte à le produire ni continuer ; c'est pourquoi ce moment est celui d'un arrêt définitif.

Quand, donc, le mouvement circulaire existe, il existe deux forces *sexualisées* concourantes, dont la décentralisation *simple* ralentit intensivement l'action commune impulsive, mais dont la décentralisation *double* ou du 2º degré ralentit encore davantage l'effet, plus tard seulement annulé tout à fait quand la décentralisation devient triple ou totale. Et voici comment il est actuellement possible, au moyen du Radioscope, de vérifier ces résultats. Rapprochant d'abord de cet appareil une flamme suffisante pour lui communiquer à distance une vitesse rotatoire de 15 à 17 tours par minute, et puis interposant entre la flamme et l'appareil, successivement : 1º une lame de *verre* ; 2º une lame de *quartz* de même épaisseur (2^{mm} 1/2 environ) ; 3º une plaque d'*alun* d'épaisseur à peu près double ; 4º une plaque de *sel gemme* de dimensions égales à la précédente, nous avons vu le nombre de tours descendre : au moment de l'interposition de la lame de *verre*, à 11 ou 12 ; au moment de l'interposition de la lame de *quartz*, à 8 ou 9, et au mod'où il suit que, intrinsèquement, la force centripète est *progressive*, et la tangentielle *régressive*. Mais, ces derniers effets n'apparaissant point de prime abord tout autant que les deux forces centripète et tangentielle ne dégénèrent pas ou se conservent dans leur intégrité primitive, elles ne sont pas incapables d'en offrir d'autres moins avancés et tout particulièrement *objectifs* ou même exclusivement objectifs, et qui sont en

ment de l'interposition de la plaque d'*alun*, à *zéro*, malgré que, au moment de l'interposition de la plaque de *sel gemme*, la rotation reprenne au contraire avec vivacité. La puissance impulsive *naturelle* est, comme on ne l'ignore point, qualitativement moins dédoublée dans la lame de verre que dans la lame de quartz toujours polarisante, et qualitativement moins dédoublée encore dans la lame de quartz ou la plaque de sel gemme que dans la plaque d'alun, spécialement interruptrice du rayonnement calorifique. Donc le ralentissement s'effectue suivant les degrés mêmes du dédoublement ; ce qu'il fallait prouver.

Nous avons déjà démontré dans le texte que les deux forces dédoublées et concourantes sont respectivement douées de *concentration spirituelle*, d'*orientation formelle* et de *spécialité sensible* constantes. Elles sont donc bien réellement trois siéges particuliers et respectifs du *devoir*, de la *règle* et du *goût*, qui sont entre eux comme *Esprit*, *Intellect* et *Sens*.

ellipticité les deux notes d'*amplitude rayonnante* et de *vitesse rotatoire*. Pour mieux éclaircir ce point, nous distinguerons deux sortes d'objectivités : l'*externe* et l'*interne*. L'objectivité varie du côté du *dehors* avec le *phénomène* affectant la personnalité sous-jacente ; elle varie du côté du *dedans* avec le *noumène* (inspiration habituelle ou prédisposition immanente) animant la même personnalité *sur-jacente*. De même, en effet, qu'une personnalité change de rôle au dehors en bien des rencontres à sa guise, elle change aussi très-souvent au dedans de maximes ou de moyens ; et la même chose lui arrive alors qu'à l'homme barricadé dans sa demeure, dont on chercherait à s'emparer en l'attaquant ou par le couvert en dessus ou par le sol en dessous. Cependant, en supposant que l'attaque se borne à varier le dessus et le dessous, ou le *phénomène* et le *noumène* (tel que nous venons de le définir), la personnalité n'est point atteinte ou reste intacte, et la variation se restreint dans le domaine de l'objectivité. Puisque l'ellipticité n'apporte aucune variation dans la *force vive*, seule image essentielle et permanente de la personnalité proprement dite, sa subjectivité n'a donc point à souffrir des bons ou mauvais résultats extérieurs de son agir, ni des bons ou mauvais motifs la conditionnant ou préparant au dedans ; et nous ne saurions mieux la comparer alors qu'à l'acteur changeant de rôle et non de théâtre, ou de théâtre et non de rôle, ou bien encore de rôle et de théâtre à la fois, mais retenant invariablement son identité propre. Cette identité personnelle ne peut jamais défaillir, à moins de perte de conscience absolue, parce qu'elle repose en définitive sur la simplicité radicale de position tant objective que subjective de l'Être absolu se représentant tel que (en vertu de l'entière égalité fondamentale du passif à l'actif), il est originairement sous la forme unitaire $\frac{a}{1} \times \frac{1}{a} = 1$.

12. Cette forme de toute représentation personnelle radicale $\frac{a}{1} \times \frac{1}{a} = 1$ n'est moyen et garantie de perpétuité qu'à la condition de rester *imaginaire* dans son premier membre et d'exprimer seulement la *réalité* dans le second ; mais cela n'empêche point de voir (sans effet

rétroactif défavorable à la réalité du second membre $= 1$) les deux facteurs intégrants $\frac{a}{1}$ et $\frac{1}{a}$ du premier membre arriver à leur tour à la réalité : la seule modification grave mais non perturbatrice qui s'ensuit immédiatement est la nécessité, pour le terme facteur du second membre, de se représenter désormais revêtu de la livrée *formelle* et *sensible* des deux facteurs intégrants du premier réalisés. Supposé que cette livrée ne sorte point des conditions exclusivement *objectives* des Personnalités d'ordre moyen dites *angéliques* et figurées par les termes de *masse-facteur* et de *volume-facteur*, ou bien encore par les expressions corrélatives $cos^2 a$, $sin^2 a$, l'intégralité, qui semble déjà courir quelque risque de sombrer dans la contingence, n'y souffre pourtant pas plus de déchet au dehors qu'au dedans ; et la vitalité personnelle continue de jouir, malgré la matérialité des phénomènes, d'une existence indéfinie. Mais si, par hypothèse, les deux facteurs du premier membre une fois réalisés cessent de se correspondre indéfiniment, et par excès ou par défaut s'enlèvent ou s'annulent réciproquement, l'inégalité, poussée cette fois jusqu'à l'infinité pour l'un et à l'annulation pour l'autre, refluera nécessairement du premier membre sur le second, et donnera l'air, à la Réalité *métaphysiquement* invariable mais *physiquement* variable y siégeant et qu'il représente, ou d'une *forme* qui s'évanouit, ou d'une *force* qui s'éteint. Pour *a numérateur* égal à *o*, l'on a, par exemple, $\frac{0}{1} = o$; pour *dénominateur* égal à *o*, l'on a $\frac{1}{0} = \infty$; et dans les deux cas, un facteur disparait constamment pendant que l'autre devient indéterminé : l'être est donc alors toujours censé disparaître ou mourir ; et notre tâche est ainsi présentement de rechercher de quelle manière ou suivant quelles lois ce nouveau phénomène d'annulation et de chute se produit.

D'abord, la manière dont ce phénomène se produit tient aux deux sortes d'*objectivités* déjà reconnues (§ 11) et dites, pour différenciation, l'une (ou la plus complète) *externe*, et l'autre (ou la moins complète) *interne*. Par elle-même, l'objectivité *interne* ne peut jamais être une occasion de chute, car les forces mises ou supposées par elle en jeu, comme la force *centripète* et la force *tangentielle*, s'offrent constamment équilibrées en *principe* et de *fait* dans le mouvement circulaire, et en *principe* au moins dans le mouvement elliptique ; c'est pourquoi la perturbation ne peut jamais venir de ce côté. Malheureusement, cette innocuité *radicale* de l'objectivité *interne* ne se communique point à l'*externe*. Au moyen de cette dernière, en effet, des Activités déjà très-bien réglées entre elles, par couples, se trouvent en présence de provocations inégales et telles qu'elles tendent, soit à s'exclure en certains cas, soit à s'entasser en d'autres. De là résultent alors des conflits de Forces dans le double champ de l'interne et de l'externe et jusqu'en chacun d'eux. Ainsi, par exemple, il y aura lutte entre le corps et l'esprit, ou bien lutte entre goûts sensibles et goûts moraux ; et tantôt le mal se retranchera fortement au dehors contre le bien régnant au dedans, tantôt, à la vue du mal triomphant au dedans, le bien s'appuiera sur l'assistance du dehors. Or, dès qu'il y a lutte au sein des êtres, un mauvais choix est aussi possible qu'un bon, et la décadence aussi réalisable que la conservation. Cependant, le mal ainsi *radicalement* conditionné du dehors ne s'implanterait point au dedans, s'il ne rencontrait au dedans un renfort soudain qui le rend occasionnellement triomphant du bien.

Ce renfort accidentel du mal, nous le trouvons maintenant dans cette loi *mécanique*, que (contrairement à la règle déjà connue d'après laquelle *tous les êtres extérieurs les uns aux autres s'attirent comme si leur masse était concentrée tout entière en leur centre de Figure*) « *les êtres* EXTÉRIEURS *les uns aux autres ne s'attirent plus en aucune manière* à priori *s'ils appartiennent à la même couche, et ressentent seulement l'attraction partielle des êtres compris dans les couches inférieures, tout à fait comme si les couches* EXTÉRIEURES *étaient supprimées, et que le reste du corps fût réduit à son centre de Figure*[1] ». Au moment où, non

---

[1] Voyez Delaunay; *Traité de mécanique rationnelle*, g. 145.

plus la simplicité, mais la division règne dans le centre même d'un être, et qu'il a lieu de se sentir esclave d'une partie des forces associées, et libre d'une autre partie, le sentiment de sa propre liberté qu'il commence à ressentir aussitôt, et qui, chez lui, restreint en même temps d'autant plus celui du devoir qu'il y a plus de couches ou d'ensembles d'êtres supprimés dans la lutte, le sentiment de sa propre liberté, disons-nous, est ou devient l'immédiat ferment ou principe d'audacieuse témérité, car on ose toujours naturellement en proportion de ses moyens. Plus on peut donc alors, plus on veut ; et l'on met ainsi finalement au service de l'arbitraire autant ou même plus d'élan qu'on n'en mettrait à suivre la raison naturelle.

Nous venons d'exposer en gros les causes et les modes de la chute des êtres ; exposons-en actuellement les lois mathématiques ou mécaniques spéciales. On a dit, sans croire probablement dire aussi vrai qu'on le disait, que les éléments constitutifs des molécules des corps sont, relativement à leur grosseur, aussi distants les uns des autres que les astres intégrants du système solaire le sont entre eux. Nous concédons parfaitement la parité, sans craindre de compromettre par là la distinction des deux mondes *angélique* et *humain* ; nous pensons donc que, aux yeux des êtres angéliques ou célestes animant les globes planétaires, leurs ensembles sont ce que sont à nos yeux des molécules réunies en systèmes végétaux ou cristallins, et le monde entier un grand cristal. La Loi mécanique générale dont il s'agissait naguère leur est donc immédiatement applicable; et jugeant d'après elle, en même temps qu'ils voient alors *objectivement* au-dessus (*subjectivement* au-dessous) d'eux une masse d'êtres respectivement nuls dont ils n'ont rien à craindre et plus ou moins à espérer, ils voient *objectivement* au-dessous (*subjectivement* au-dessus) d'eux une autre masse d'êtres qui les régissent avec un empire en apparence plus ou moins despotique et rigoureux. Pour eux, la Loi dérivant d'une majorité douteuse ou peut-être d'une minorité certaine, cesse alors d'être inviolable, et l'arbitraire est possible, il peut même apparaître opportun. Supposons qu'ils rompent spontanément avec l'ordre préexistant: du même coup, ou ils annulent la force *centripète*, ou ils sacrifient la force *tangentielle*. Des forces infinies sont seules en état de produire *d'un seul bond* des effets originairement accomplis ; des forces finies n'agissent point généralement avec la même spontanéité, mais elles ne sont pas impropres à les imiter de près, en n'exigeant régulièrement en premier lieu guère *plus de deux ou trois instants* pour montrer, dans le cachet de déformation ordinairement imprimé par elles aux produits naturels antérieurs, tout ce qu'elles entendent et peuvent faire. Par exemple, les puissances angéliques et secondaires sacrifient-elles la force *tangentielle* à la force *centripète*: les mouvements, *elliptiques* jusqu'à cette heure, dégénèrent rapidement et se convertissent, pour ainsi dire à vue d'œil, en *paraboliques*. Déchainent-elles au contraire, par annulation de la force *centripète*, la force *tangentielle* : cette dernière engendre et met à jour dès le second instant des mouvements *hyperboliques*. On perd donc plus à sacrifier la force centripète que la tangentielle. Dans le cas où, contrairement à ce que nous venons de dire, l'une des deux forces centripète et tangentielle serait instantanément supprimée par chute verticale ou par jet vertical, la précédente transformation de mouvements serait immédiate et beaucoup plus grave, car on tomberait soudainement de la classe des mouvements révolutifs indéfinis en celle des mouvements absolus, tout attractifs ou tout répulsifs, dont le dénoûment irrévocable se traduit par l'idée d'une vie ou d'une mort éternelles.

Que ce que nous venons de dire du monde supérieur ou céleste *angélique* s'applique encore au monde terrestre ou sublunaire *humain*, nous en avons la preuve dans une foule de phénomènes effectués à la surface de la terre, pour laquelle les mathématiciens ont spécialement construit la *loi mécanique* dont nous avons parlé. Là, par exemple, si l'on projette un mobile quelconque horizontalement, on le voit décrire promptement dans sa marche une trajectoire parabolique ; si l'on y lâche ou comprime un ressort, il se dilate ou resserre hyperboliquement ; et tout corps allant ou venant verticalement s'arrête bientôt par impossibilité matérielle de continuer la course vers le haut ou le bas. De plus, quand un oiseau vole à travers les branches des arbres ou que nous nous promenons dans une galerie, rien ne nous porte à croire que le vol de l'oiseau soit ralenti par l'attraction des branches à travers lesquelles il se meut, ni que nous éprouvions la moindre gêne des objets entre lesquels nous passons. La même liberté d'allures et de mouvements que nous disions naguère régner aux cieux règne donc semblablement en terre, et cela parce que les êtres célestes et terrestres ici considérés, quoique dotés en fait ou par hypothèse du second degré de la puissance, cessent immédiatement d'agir en cette qualité, dès qu'ils commencent à vouloir s'exercer indépendamment de leur commun principe au dehors par individualités distinctes et séparées.

13. Pour arriver tout à l'heure à démontrer que les puissances angéliques ou du second degré n'étaient point incapables des mêmes actes d'ordre inférieur que les êtres humains, réduits de droit naturel au premier degré de la puissance, nous les avons supposés descendus au

rang de ces derniers ; cette assimilation peut avoir besoin de justification, et, ne voulant pas rester en demeure sur ce point, nous démontrerons ici que, effectivement, les anges et les hommes se ressemblent beaucoup plus qu'on ne pense dans leurs idées ou jugements, qui diffèrent alors, d'une classe à l'autre, non (comme on semble le croire) par une entière disproportionnalité, mais par une simple inversion de vue. Les mêmes choses, renversées, ne semblent plus être les mêmes, et ne sont point autres pourtant. Imaginons deux êtres placés sur le même arc trigonométrique, mais l'un regardant *en dedans* le cosinus et le sinus variant de quantités en apparence très-petites comme toujours comprises entre 0 et 1, et l'autre regardant au contraire *en dehors* la cotangente et la tangente variant de quantités en apparence très-grandes comme toujours comprises entre 0 et ∞. Le premier de ces êtres, dans lequel nous voyons une image des anges, ne contemple sans doute alors devant lui que des quantités très-petites, comme zéro, l'unité ou des parties de l'unité, mais il a derrière lui des quantités corrélatives énormes représentées par la cotangente et la tangente; et ces deux modes corrélatifs de représentation ne font qu'un Tout. L'autre être, dans lequel nous voyons une image des hommes, n'aperçoit au contraire devant lui que les énormes quantités étalées derrière les anges, mais il n'en a pas moins derrière lui, comme lui appartenant en propre, les très-petites quantités formant l'habituel Objectif de l'ange ; et ce double champ antérieur ou postérieur humain ne forme encore qu'un Tout. Le même Tout composé de grand et de petit flotte donc à la fois sous les yeux ou devant les pensées de l'ange et de l'homme, mais l'un et l'autre le contemplent ou s'en affectent diversement, parce qu'ils le voient renversé, et pour une raison bien simple. L'homme, tout d'abord ou de préférence ouvert au *Sensible*, éminemment singulier et passager, va des effets aux causes ou remonte des phénomènes aux réalités; et, comme les effets le frappent beaucoup, et les causes très-peu, le visible absorbe à peu près complétement à ses yeux l'invisible, qui semble disparaître ou passer derrière, pour céder la place antérieure au grand

Tout phénoménique. Au contraire, l'ange, placé dès sa création au second degré de la puissance, prend le phénomène pour ce qu'il est, c'est-à-dire pour une pure apparence, et, s'attachant alors de préférence aux causes, aux forces, au *Réel*, il ne se laisse point détourner de sa contemplation habituelle interne par le peu d'éclat extérieur ou d'étendue visible qu'il leur trouve ; jugeant plutôt de la valeur ou de l'excellence des idées par leur dénûment même, moins il les aperçoit spécieuses ou brillantes au dehors, plus il en vit et s'y plonge au dedans. Absolument envisagés, l'ange et l'homme ne diffèrent donc en aucune manière ; et si, relativement envisagés, ils apparaissent tout autres, cette différence relative n'a point d'autre raison d'être que l'inversion de vue subordonnant, chez l'homme, l'invisible au visible, et, chez l'ange, l'apparent au réel.

Nous venons de démontrer sans trop de difficulté la distinction *relative* et l'identité *absolue* des deux mondes *angélique* et *humain*. Notre plan demande, en outre, une semblable identification commune des deux mondes *angélique* et *humain* avec le monde *divin* si différent d'ailleurs (à première vue) des précédents, chose qui semble alors offrir beaucoup plus de difficulté : nous espérons cependant en venir à bout sans grands efforts. Remarquons en effet que les deux puissances censées (*dans l'ordre particulier d'idées ici développées*[1]) concourir ensemble sous le genre commun de l'*Intellect* dans les astres, sont le *Sens* représenté par la force *centripète* et l'*Esprit* représenté par la force *tangentielle*, le premier fonctionnant d'ailleurs sous la forme de $cos^2 a$ et le second sous la forme de $sin^2 a$. Mais les puissances radicales existent au nombre de trois, égales en toutes choses, et peuvent ainsi s'associer trois fois deux à deux en face de la troisième isolée. Nous devons donc avoir en seconde fois un couple de *Sens* et d'*Intellect* sous le genre commun de l'*Esprit*, et en

---

[1] Ailleurs, nous avons remplacé dans la même circonstance le Sens par l'Intellect, et l'Intellect par le Sens; mais ce renversement se conçoit aisément, d'après les principes établis § 6. Il y a nécessité de se régler à cet égard sur les formules mathématiques, expression des phénomènes. D'ailleurs, deux assertions différentes et même contraires ne sont point pour cela contradictoires.

troisième fois un couple d'*Intellect* et d'*Esprit* sous le genre commun du *Sens*. Admettons qu'il en soit ainsi : ce que nous disions naguère de l'Ange et de l'Homme comparés au point de vue plus spécialement *intellectuel*, peut et doit se dire encore des deux mêmes classes d'êtres envisagés aux deux autres points de vue spéciaux *spirituel* et *sensible*. C'est-à-dire que nous avons désormais, non un seul plan de fonctionnement commun inverse pour l'Ange et l'Homme, mais trois plans analogues dans lesquels l'Ange et l'Homme sont censés fonctionner inversement, comme par exemple en Physique, en Logique et en Morale ; et par suite encore, chez l'Ange et l'Homme à la fois, des êtres *physiques, intellectuels et moraux*, d'où vient en définitive l'idée de *trois groupes relatifs* angéliques et humains. Supposons maintenant ces trois groupes, et souvenons-nous d'ailleurs que, les puissances personnelles y présidant, ou le Sens, l'Intellect et l'Esprit, sont originairement rectangulaires. Alors, leur ensemble ressemble à une table à triple entrée ou cubique, et leur complexion forme un cube parfait, image du monde *divin* seulement discernable ou distinct des précédents *angélique* et *humain*, parce qu'*en lui* chacun des trois mondes admis doit être censé compliqué, comme *réel*, des deux autres mondes *imaginaires* à son égard, quand, chez les *deux autres* mondes, la même intimité de relations n'existe point entre les trois. Chez l'Homme, par exemple, les trois mondes réunis ressemblent à une pierre qui se délite ou se dissout intérieurement, et la réunion n'est qu'apparente ; c'est pourquoi toutes les personnalités intégrantes y sont réduites au premier degré de la puissance 1^1. Chez l'ange, toutes personnalités intégrantes y fonctionnant deux à deux endossent déjà par là même le second degré de la puissance 1^2. Mais, chez Dieu, l'ensemble se complète, les trois ordres de personnalités entrent à la fois en union, et les trois personnalités souveraines y présidant subsistent au troisième degré de la puissance 1^3, alors commune à toutes : c'est pourquoi toutes se confondent en un et chacune équivaut au Tout.

14. On sait qu'il existe des cristaux cubiques

striés rectangulairement sur leurs trois faces caractéristiques, et dans un sens, par exemple, *longitudinal* sur la première d'entre elles, *transversal* sur la seconde, *vertical* sur la troisième. Prenant les stries *longitudinales* de la première face pour images d'autant de relations linéaires entre objet et sujet *sensibles*, les stries transversales de la seconde face pour images d'autant de relations linéaires entre objet et sujet *intellectuels*, et les stries *verticales* de la troisième face pour images d'autant de relations linéaires erent objet et sujet *spirituels*, nous avons là trois systèmes d'identités absolues irréductibles, intimement retranchés l'un en l'autre dans toute l'étendue du cube. Mais les objets et sujets corrélatifs à la première face doivent être censés, pris un à un, à la première puissance; les objets et sujets de la seconde face doivent être censés, pris deux à deux, à la seconde puissance; enfin, les objets et sujets de la troisième face doivent être censés, pris trois à trois, à la troisième puissance. Les termes de la première relation forment donc tout spécialement un système qualifiable d'*unitaire*, comme les termes de la seconde relation se disposent en système *binaire*, et les termes de la troisième relation en système *ternaire*. Et l'on peut dire, en conséquence, que les personnalités du troisième système se réduisent à *trois*, puisqu'il n'existe imaginairement en principe que trois directions *axiales* ou trois relations *absolues* communes à tout l'ensemble. Au contraire, il existe incontestablement, d'abord, un *nombre indéfini* de puissances moyennes ou secondaires réunies deux à deux, puis, un nombre *imaginairement au moins infini* de puissances initiales existant une à une ; car, dès qu'on pose le pied hors de l'identité absolue, la moindre différence qualitative ou quantitative peut donner jour à des positions *binaires* ou *singulières* distinctes. L'ensemble du monde comprend donc partout et toujours les mêmes *éléments*, les mêmes *moyens* et les mêmes *principes* ; mais autres sont les personnalités *élémentaires*, autres les personnalités *moyennes*, autres encore les personnalités *suprêmes*, en *degré*, *nature* et *nombre* ; et le caractère essentiel, prédominant, des suprêmes est d'être à la fois *principe*, *fin* et *moyen* de toutes les autres.

La sortie des personnalités *élémentaires* et *moyennes* des *principales*, généralement regardée comme un insoluble mystère, se conçoit au contraire aisément après ce que nous avons dit. Évidemment, maintenant, l'Activité divine radicale est trop vive et trop spirituelle, d'une part, et trop pure et trop parfaite, de l'autre, pour n'être point à la fois *universelle* et *singulière* en tout : elle est donc, non-seulement partout présente, mais encore partout active, sans pourtant s'approprier aucune autre détermination actuelle et constante que celle de tourner en quelque sorte indéfiniment sur elle-même, non par défaut de latitude, mais au contraire par infinie plénitude de puissance et d'action ; car, pour elle, l'imaginaire et le réel ou le possible et l'actuel s'identifient complétement l'un avec l'autre. Cependant, dès-lors que pour elle l'imaginaire et le réel ne sont point *absolument* discernables, ils ne laissent point de l'être *relativement*, *formellement* d'abord, et *virtuellement* ensuite ; d'où il résulte qu'elle possède en elle-même, outre la singulière universalité de *fait*, la singulière universalité d'*intelligence*, ainsi que la singulière universalité de *puissance.* Elle équivaut donc à tout, elle est même tout, mais sans être néanmoins identique à rien de particulier ni de distinct ; c'est pourquoi l'on peut dire que son rapport au monde extérieur est celui d'une pièce d'or à sa monnaie (§ 9). Cela posé, nous la représentant relativement trois fois appliquée sous la forme commune absolue 1^3, concevons-la d'abord, avec ses trois puissances internes prises trois à trois, sous la forme innée primitive et persévérante 1^3 trois fois répétée conformément à leur nombre : nous aurons du même coup en elle trois *genres personnels,* sous lesquels il nous sera loisible ensuite de voir, soit (immédiatement et par couples) autant de doubles *composantes spéciales* qu'il nous plaira, soit (médiatement et par unités) autant de *résultantes particulières* qu'il y aura de couples déjà réalisés par hypothèse. Car rien n'empêche manifestement de réunir deux à deux les genres personnels déjà pris trois à trois, et de prendre encore un à un tout genre personnel déjà censé ne point faire partie d'un engagement binaire.

Ici, les trois idées fondamentales qu'il importe

de bien distinguer sont celles : 1° de *genres personnels*, au nombre de trois, sous la forme 1^3 ; 2° de *composantes spéciales*, au nombre de deux, sous la forme 1^2 ; et 3° de *résultantes élémentaires*, en nombre singulier, sous la forme 1^1. Dès qu'on est nanti des trois genres, on est libre de les prendre deux à deux, en les faisant ainsi fonctionner secondairement sous la forme, jusqu'à cette heure implicite, mais désormais explicite, des fonctions corrélatives $cos^2 a$, $sin^2 a$. Mais cette complication actuelle de deux genres pris entre les trois admis serait-elle possible si le troisième ne s'y prêtait comme actif ou comme passif, en qualité de terme moyen *antécédent* et *conséquent*, ou de *principe* et de *fin* ? Certainement non, puisque toute union, ainsi que tout événement en général, doit avoir sa propre cause ou raison d'être en arrière chez les êtres inconscients, en avant chez les êtres libres. Donc, dans la filière des termes hiérarchiquement constitués comme *genres*, *espèces* et *individualités*, on a le triple exemplaire complet des modifications possibles en l'Activité radicale, et par conséquent le dogme de la création n'est point réellement, comme nous l'avons dit, un mystère insoluble par intrinsèque répugnance d'idées contradictoires ; il est seulement une vérité d'ordre supérieur ou très-complexe, échappant généralement à l'intelligence humaine par la simple difficulté d'en assigner et classer les termes intégrants, à moins de longues méditations préalables ou de prédispositions de cœur et d'esprit tout exceptionnelles.

FIN.

TABLE DES MATIÈRES

	§§
Avant-Propos...................................	
Introduction...................................	1
Proposition fondamentale : identité générale — au moins abstraite — de toutes vraies réalités, et leurs différences relatives.........	3
Triple objectivité réelle interne de la conscience absolue dans le *Sens*, l'*Intellect* et l'*Esprit*, et triple subordination possible externe de ces mêmes *puissances* passant respectivement à l'état de *tendances*................	5
Détermination de la tendance réelle introduite chez les mêmes puissances, notamment chez le Sens et l'Intellect....................	7
Passage des *tendances* sensible et intellectuelle à la *masse* et au *volume*..................	8
Définition et différenciation de la *masse* et du *volume* primitifs; rapport entre la *masse* et le *volume* et les *sections coniques*..........	9
Rapport des idées de *masse* et de *volume* entre elles, et leurs rôles dans les puissances secondaires angéliques et humaines.........	10

Interprétation des deux premières lois de Képler; double face objective et simple face subjective réelle des puissances secondaires. 11

Composition subjective accidentelle des puissances personnelles secondaires, et leurs modifications apparentes par variation réelle dans la masse ou le volume; modes et lois de ces variations.................................. 12

Comparaison par ressemblances et différences entre les trois mondes divin, angélique et humain.. 13

Représentation figurée de l'universalité des êtres, et résolution du mystère de la Création en général............................... 14

FIN DE LA TABLE.

ERRATA DU N° 7

Pag. 30, lig. 23, au lieu de *nombres*, lisez *membres*.
— 68, — 14, — *froide et*, — *fluide ou*.

Dans la note de la page 71 du même n° 7, nous avons admis trois *genres* spéciaux d'articulés fossiles sous le nom de *trilobites longitudinaux*, *d'unilobites* et de *trilobites transversaux*. Le premier de ces trois genres, étant universellement admis, ne pouvait offrir la moindre matière à controverse; mais il n'en était pas de même du second et du troisième. Nous croyons néanmoins pouvoir maintenir ces deux derniers, mais non sans quelques observations. D'abord, à l'unilobite représenté *fig.* 2, et que nous avons reconnu depuis être un *hypostome d'Ogygie*, nous devons substituer, en exemple plus démonstratif, l'*Hemalonotus delphinocephalus*, dont on peut voir la figure en Lyell (tom. II, pag. 214), et qui répond également à notre pensée. Puis, relativement au trilobite transversal représenté *fig.* 3 sans autre détermination plus avancée d'espèce ou de qualité, nous pouvons actuellement être plus explicite et le désigner comme appartenant au *genre Agnostus pisiformis* établi par Brongniart, avec cette différence que les exemplaires de l'*espèce* connue de ce savant n'offrent qu'une fente transversale tandis que les exemplaires de la *nôtre* en offrent deux; c'est pourquoi, pour l'en différencier, nous la désignerons par les noms d'*Agnostus pisif... bisecatus*. Ainsi, notre distinction des crustacés fossiles reste intacte et nous permet de maintenir les conséquences que nous en avons voulu tirer.

www.ingramcontent.com/pod-product-compliance
Lightning Source LLC
LaVergne TN
LVHW050620090426
835512LV00008B/1577